W0068543

Manuel Vila Baleato

El verano de mi vida

Unter www.cornelsen.de/codes gibt es als kostenlosen Download:
– das Hörbuch zu *El verano de mi vida*
– passende Arbeitsblätter.
Gib einfach folgenden Webcode ein: **zupuge**

1 Examen de Español

Las palabras de la señora Schumacher acaban con la concentración de Lena, que está terminando la última actividad de su examen del curso intensivo de Español.

Últimos 15 minutos. A las once y veinticinco tenéis que entregar vuestros exámenes.

Después de leer otra vez su texto, Lena se levanta, muy contenta, guarda sus bolígrafos en el estuche y lo mete en su mochila. Cuando se acerca a la mesa de la profesora, la señora Schumacher la mira con una sonrisa:

—¿Estás lista? ¿Qué tal el examen?

—Creo que bien —contesta Lena con una sonrisa.

Antes de salir de la clase, busca su móvil entre todos los teléfonos de sus compañeros. Solo un momento después de cerrar la puerta, lo mira: tiene 23 mensajes nuevos y un correo electrónico. «¿Un e-mail?» Lena abre su buzón. Durante el examen estaba bastante tranquila, pero ahora, cuando lee las tres palabras en el asunto del e-mail, de repente se pone muy nerviosa:

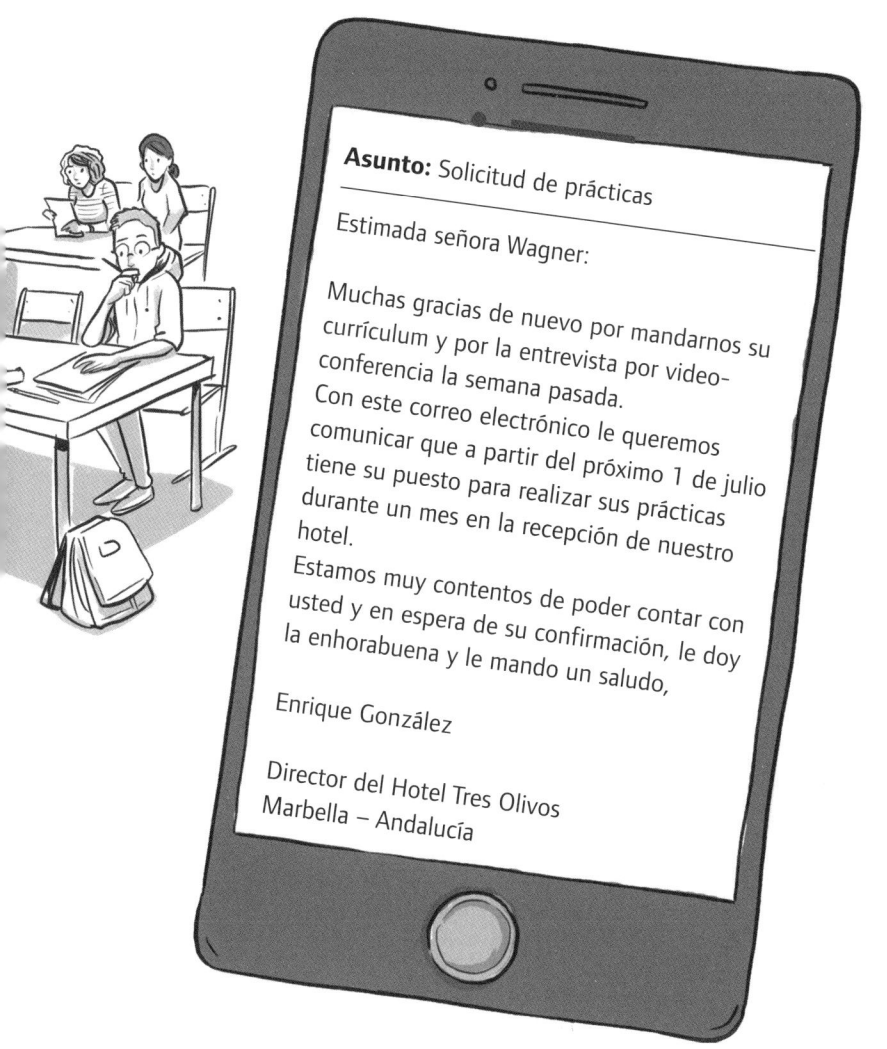

Asunto: Solicitud de prácticas

Estimada señora Wagner:

Muchas gracias de nuevo por mandarnos su currículum y por la entrevista por video-conferencia la semana pasada.
Con este correo electrónico le queremos comunicar que a partir del próximo 1 de julio tiene su puesto para realizar sus prácticas durante un mes en la recepción de nuestro hotel.
Estamos muy contentos de poder contar con usted y en espera de su confirmación, le doy la enhorabuena y le mando un saludo,

Enrique González

Director del Hotel Tres Olivos
Marbella – Andalucía

Lena se alegra tanto que grita de felicidad. La señora Schumacher abre la puerta con cara de sorpresa para ver qué está pasando:

—Lena, ¿estás bien?

—Mejor que nunca, señora Schumacher, mejor que nunca —contesta Lena con una sonrisa enorme.

2 Andalucía, ¡ahí voy!

Tres meses después del examen de Español –que Lena aprobó con un sobresaliente– y del correo electrónico del director del hotel Tres Olivos, Lena está preparando su maleta para pasar un mes en Andalucía: un mes de prácticas, sí, pero espera que también de sol, playa y nuevos amigos.

Todavía no lo puede creer. Una vez más, coge su tarjeta de embarque y la lee desde la primera hasta la última línea. Es verdad: ¡Mañana va a volar a Málaga!

Por suerte, en el hotel hay habitaciones amuebladas para los empleados, así que puede vivir con otros compañeros y no tiene que buscar un piso compartido para ese mes.

Con una lista, Lena comprueba que tiene todo lo necesario: ropa y zapatos para trabajar, su bikini, sandalias y ropa de verano, la toalla para la playa…

TARJETA DE EMBARQUE
FRA > AGP

Nombre:
LENA WAGNER / SRTA.

De:
FRÁNCFORT

A:
MÁLAGA

Fecha:
30.06.2019

Salida:
09:45

Vuelo:
IB123

Cuando Lena ya casi está lista, ve en su estantería uno de los libros que ella y sus compañeros usaron en el curso de Español para preparar su último examen: *Andalucía: Turismo, economía y ecología. Sus desafíos para el futuro*. Se sienta en la cama y abre el libro por la introducción:

Andalucía está situada en el sur de España y tiene ocho provincias: Huelva, Sevilla, Cádiz, Córdoba, Málaga, Jaén, Granada y Almería. Su capital es Sevilla. Es la comunidad autónoma más grande de España, con cerca de 8 millones de habitantes.

La economía andaluza vive sobre todo del turismo, y aunque no hay muchas fábricas o una gran industria, desde hace años las plantas de energía solar son cada vez más importantes. Además de unas playas fantásticas, muy cerca de Granada está Sierra Nevada, donde se puede hacer senderismo de montaña en verano y esquiar en invierno.

En toda Andalucía crece también la agricultura ecológica, en una región que ya exporta frutas y verduras a todos los países de Europa.

TARJETA DE EMBARQUE

FRA > AGP

Nombre:
LENA WAGNER / SRTA.

De:
FRÁNCFORT

A:
MÁLAGA

Fecha:
30.06.2019

Salida:
09:45

Vuelo:
IB123

Aunque Lena no sabe muy bien para qué puede necesitar ese libro, decide meterlo en la maleta. «¿Quién sabe si este libro me puede ser útil?», piensa mientras cierra la maleta y por fin se acuesta. Antes de dormir, dice en voz baja: «Andalucía, ¡ahí voy!».

3 ¡Bienvenida a Málaga!

Después de más de tres horas de vuelo, cuando el avión por fin llega al aeropuerto de Málaga, hace muy buen tiempo. Lena piensa entonces que en Alemania tampoco hacía mucho frío, pero el cielo estaba nublado y hacía un poco de viento. Sin embargo, en Andalucía hace sol y la temperatura llega casi a los 30 grados. Lena recoge su maleta y sale por la puerta de «Llegadas», donde ve a un montón de gente que está esperando a amigos, familiares o clientes. Algunos tienen en las manos hojas con nombres de personas u hoteles. Entonces Lena ve, entre toda la gente, un cartel con las palabras «Hotel Tres Olivos».

Lena casi no lo puede creer, por eso se acerca un poco tímida al chico y le pregunta:

—Hola, yo soy Lena Wagner y voy a hacer unas prácticas en el hotel. ¿De verdad estás aquí para recogerme? No sabía que el señor González…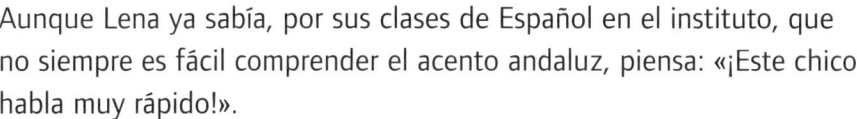

El hombre —un joven simpático de unos 25 años— se ríe y responde con un fuerte acento andaluz:

—¡Por supuesto! ¡Un chófer para la princesa! Jeje…

—¿Cómo? —dice Lena bastante confundida.

Aunque Lena ya sabía, por sus clases de Español en el instituto, que no siempre es fácil comprender el acento andaluz, piensa: «¡Este chico habla muy rápido!».

—Tranquila, amiga, es solo una broma —le dice el joven mientras le da dos besos—. Yo soy Alfonso y estoy aquí para recoger a una familia de alemanes que viene a nuestro hotel…

Lena piensa que acaba de meter la pata y se pone roja como un tomate, pero entonces Alfonso dice:

—…pero el jefe también me habló de ti, así que también te llevo. Ahora solo tenemos que esperar a la familia… un momento, ¿cómo se llaman? Sí, ¡Kreuzenberg! Oye, ¡qué apellidos más raros tenéis los alemanes!

Alfonso se ríe de nuevo y Lena, que también sabía ya que los andaluces son famosos por ser muy divertidos, piensa que Andalucía y su gente le van a gustar mucho.

Mientras los dos esperan a la familia Kreuzenberg, Lena ve en el aeropuerto unas fotos inmensas con paisajes impresionantes: playas con agua azul clara, monumentos históricos como la Giralda de Sevilla o la Alhambra de Granada, catedrales góticas, montañas con nieve…

Sobre ellas, se puede leer en un cartel muy grande las palabras «¡Bienvenidos a Málaga!», y Lena piensa, otra vez, que va a pasar un mes fantástico en Marbella.

4 Hotel Tres Olivos

Cuando por fin llegan al hotel, la familia de turistas alemanes se acerca a la recepción y Lena va con Alfonso a conocer al director.

Después de explicar bastante rápido unas cosas sobre su trabajo en la recepción, el señor González le dice con una sonrisa que al día siguiente su turno empieza a las 7 de la mañana. Alfonso la lleva entonces al piso compartido donde ella va a vivir durante este mes.

En el camino, Lena lo mira todo con los ojos como platos: El hotel de cinco estrellas tiene una piscina muy chula y un campo de golf inmenso. Además, tiene varias salas de conferencias bastante grandes, y por eso también es un hotel perfecto para congresos. A Lena le gusta mucho todo y está muy contenta.

Alfonso abre la puerta del piso compartido y presenta a Lena a los otros compañeros que van a vivir allí con ella:

—¡Chicos! Esta es Lena, de Alemania. Va a hacer unas prácticas en la recepción y se va a quedar aquí con nosotros este mes.

—¡Qué guay! Yo soy Ibrahim, trabajo en la cocina.

—¡Hola! Encantada, yo me llamo Marina, soy de Inglaterra y soy camarera en la cafetería.

—Y yo soy Vicky. Yo hago el servicio de habitaciones, ya sabes: cambiar las toallas, las camas, limpiar…

—¡Muy bien! ¿Somos cuatro personas en el piso? —pregunta Lena.

—¡Cinco! ¿Sabes quién es el último? —dice Alfonso con su inmensa sonrisa.

—¿En serio? —pregunta Lena divertida—. ¡No me digas! ¿Tú también eres mi compañero de piso?

—¡Pues claro! —contesta Alfonso—. ¿No quieres ver ya tu habitación?

A Lena le gustan mucho sus nuevos compañeros, que le desean mucha suerte en sus prácticas. Después de poner su ropa en el armario y el resto de sus cosas en la habitación, Lena decide pasear un poco por la zona para conocer mejor la ciudad y Vicky va con ella. Aunque ya sabía un poco de Marbella, Lena realmente se sorprende mucho cuando ve edificios tan altos, tantos hoteles de cinco estrellas y coches de lujo en cada esquina.

Cuando Vicky y Lena vuelven al hotel, ven que Ibrahim y Alfonso tienen preparada una cena de bienvenida. Marina tiene que trabajar en la cafetería, pero los otros compañeros de piso cenan juntos y se divierten un montón. Los chicos cuentan historias del hotel y Lena disfruta mucho de la comida española, que está muy rica.
Después de cenar, Lena va a su habitación y prepara todo para su primer día de trabajo porque sus prácticas en la recepción empiezan al día siguiente muy temprano y no quiere acostarse tarde.
Cuando por fin ya está en su cama para dormir, Lena escucha, de repente, su móvil.

5 Primer día de trabajo

Lena coge su teléfono y ve
el nombre y el número que acaba
de escribir solo unas horas
antes en su móvil: Ibrahim.
Antes de contestar, mira la hora.
Son casi las doce menos cuarto
de la noche.

—¡Hola, Lena! ¿Ya estás durmiendo?
—¡Ibrahim! ¿Tú sabes qué hora es?
Yo mañana tengo que estar
en la recepción a las siete
de la mañana…

—Ya… Lo siento, pero es que tengo que preguntarte algo —dice
Ibrahim un poco nervioso.
—¿A las doce de la noche? ¿Y no puedes esperar hasta mañana?
—¡Perdón! Es solo una pregunta rápida… ¿Puedes decirme qué
significa en alemán «a. i. O.» y «MfG»?
—¿Qué? Pero Ibrahim, ¿qué estás haciendo? —le pregunta Lena un
poco enfadada.
—Mañana te puedo explicar todo, de verdad. ¿Lo sabes o no?
—Pues bueno… «MfG» significa «Mit freundlichen Grüßen», que es
una frase formal para decir adiós.
—Vale, entonces no es importante. ¿Y «a. i. O.»?
—Pues, no sé… ¡Ah, espera! Pienso que puede ser «alles in Ordnung».
—¿Y eso qué significa?
—Algo así como «todo correcto» o «todo bien». ¿Vas a explicarme ya
qué estás haciendo?
—Nada… ¡Muchas gracias! Mañana te explico todo, en serio.

Lena no comprende muy bien qué le pasa a su compañero de piso, pero se acuesta por fin para levantarse temprano al día siguiente. Después de ducharse y un desayuno rápido, la nueva recepcionista está a las siete menos cinco en su puesto, preparada para su primer día de trabajo en el hotel.

Solo dos minutos más tarde, llega también a la recepción Ibrahim que, sin decir «buenos días» y bastante nervioso, se dirige a Lena:

Tengo que hablar contigo, ¿a qué hora tienes una pausa?

6 Un mensaje en alemán

Antes de empezar con su turno, Lena ya está pensando en hacer una pausa:

—¿Pero qué te pasa? Pareces nervioso… ¿Estás bien? —pregunta Lena.

—Necesito tu ayuda con un texto en alemán y tu consejo —contesta Ibrahim con una hoja en la mano.

Los dos chicos deciden quedar al lado de la cocina, donde trabaja Ibrahim, dos horas más tarde.

Cuando Lena llega, su nuevo compañero ya está allí, no muy lejos de los contenedores de basura y cristal para reciclar, y camina nervioso de un lado a otro del patio.

—Ya estoy aquí. Dime, ¿dónde está el texto? —quiere saber Lena.

—Mira, es este… Ya sé más o menos lo que significan algunas palabras gracias a una página de internet, pero no entendí todo… —dice Ibrahim mientras le da la hoja.

15.05.1998

Sehr geehrter Herr G.,
a. i. O.! Der Bau ist fertig und das Geschäft war ein großer Erfolg.
Ich war gestern bei der Bank in Zürich und habe Herrn S. den Umschlag gegeben. Ihr Anteil wurde überwiesen.
Der Rest ist unter dem dritten Olivenbaum.
MfG
L.

Después de leer el texto, Lena mira a su nuevo amigo con los ojos como platos:

—Pero, ¿qué es esto?

—No estoy seguro... ¿Ves aquellos contenedores de basura al final del patio? Pues, lo encontré allí. ¿Me puedes decir qué significa el texto? Me gustaría saber tu opinión —dice nervioso Ibrahim.

—Claro, aunque creo que tenemos que tener cuidado porque nos podemos meter en problemas...

¿Qué están haciendo esos dos allí en el patio?

7 Preguntas sin respuesta

Después de escuchar a Lena, Ibrahim tiene muchas preguntas.

¿Quién es el señor G.? ¿Y el señor S.?

¿Qué había en el sobre?

¿Está todavía «el resto» debajo del olivo?

Lena sabe que tiene que volver pronto al trabajo, pero ve que su nuevo amigo está pensando y le dice:

—¿Tienes una idea de quiénes son esas personas del mensaje? ¿O cuál es su historia?

—No lo sé. Y tampoco, quién escribió ese texto —contesta Ibrahim.

—Sabemos que su nombre empieza con L, pero puedes estar seguro de que yo no fui —dice Lena con una sonrisa—. En 1998 mis padres todavía no se conocían…

—¡Es verdad, el texto es del año 1998! Bueno, pero está claro que G. es el señor González, ¿no?

—Quizás. ¿Sabes si ya era él el director del hotel en aquel entonces?

—Pues, no lo sé todavía… Pero seguro que lo voy a descubrir muy pronto. ¿Quedamos para comer?

Lena pasa su primer día en la recepción con las situaciones y los pequeños conflictos que a veces hay en un hotel: confirma algunas reservas por teléfono o correo electrónico, hay un cliente que no tiene acceso a internet, otro que dice que el aire acondicionado no funciona, una clienta que se queja porque su habitación no está limpia… ¡un día normal en el Hotel Tres Olivos!

A la hora de la pausa Lena va a comer con el resto de sus compañeros del hotel, pero Ibrahim todavía está trabajando. Él llega solo cinco minutos más tarde y se dirige directamente a Lena, que está comiendo con Marina y Alfonso:
—Creo que ya sé quiénes son el señor G. y el señor S. ¡Vas a flipar!

8 Conflictos inmobiliarios

Ibrahim les cuenta a sus compañeros que tiene mucha información nueva mientras muestra en su móvil una foto de un periódico.

Solución al conflicto inmobiliario en Marbella

—¿Veis esta noticia de 1998? Este hombre aquí adelante es el señor González. Y el hombre a la derecha es Alberto Soto, que era el alcalde de Marbella en aquel entonces.

—¿Y de qué conflicto habla la noticia? —pregunta Lena.

—Empiezo por el principio… En 1992 el señor González fundó una empresa con otros hombres importantes de esta región. Primero, todo fue bien porque la empresa tuvo un éxito inmenso: construyeron muchos hoteles por toda la costa andaluza. Pero años más tarde llegaron los problemas porque no siempre respetaban el medio ambiente, y había mucha gente que no estaba de acuerdo con aquellos proyectos inmobiliarios.

—Es verdad —dice Alfonso, que es de un pueblo cerca de Marbella—. Yo era muy pequeño en 1998, pero sé que durante esos años había muchos vecinos en los pueblos de la costa que se quejaban bastante. A veces tenían que ahorrar agua y sus campos estaban secos, mientras los hoteles usaban muchísima agua para sus inmensos campos de golf. Estaba claro que para la industria turística la ecología no era importante, pero ya en aquel entonces muchos expertos decían que tenían que cambiar las cosas en el futuro.

—¡Exacto! En resumen, el proyecto de este hotel causó bastantes problemas porque muchas personas decían que no era legal construir tan cerca de la playa...

—¿Y era o no era legal? —pregunta Lena.

—No lo sé —dice Marina—. Si nosotros estamos trabajando ahora aquí, significa que sí, ¿no?

9 ¿Legal o ilegal?

Ibrahim todavía no puede contestar la pregunta de Marina, pero está claro que él piensa conocer la respuesta muy pronto:

—¡Pensad en el texto que encontré al lado de la basura! Si el señor G. es el director del hotel y el señor S. es Alfonso Soto, que era en aquel entonces el alcalde de Marbella…

—¿Qué quieres decir con todo esto? ¿De verdad piensas que construyeron el hotel ilegalmente? —pregunta Lena.

–No lo sé, pero tenemos que descubrir qué hay debajo del tercer olivo. Ahí hay algo importante, quizás las respuestas a todas nuestras preguntas —contesta Ibrahim.

—¿Y cómo quieres coger ese «algo»? Los tres olivos están en el jardín al lado de la oficina del señor González, y él los puede ver desde allí. ¿Cómo lo vas a hacer? —pregunta esta vez Marina.

—Creo que solo hay una posibilidad: trabajar de noche.

Después de su turno en la recepción, Lena descansa un poco en su habitación y coge su libro sobre Andalucía. Está segura de que en su clase de Español, en la unidad sobre el turismo en la región, su profesora les habló de problemas de corrupción en el pasado, sobre todo en los años del *boom* de la construcción en la costa. Primero mira unas fotos que muestran los cambios que el turismo causó en Andalucía en el último siglo –hoteles enormes que destruyeron el paisaje en la costa, basura, falta de agua y otros problemas de medio ambiente–, después una estadística con información en cuanto a los precios en el sector inmobiliario. Justo cuando va a cerrar los ojos para dormir un poco, ve, de repente, una foto en el libro y se levanta de la cama muy rápido:

¡No puede ser!

10 Corrupción en Marbella

Con el libro en la mano, Lena sale muy rápido de su habitación y va hasta la cocina del hotel.

Después de hacer su formación profesional, Ibrahim empezó a trabajar en el hotel y ya es un poco famoso en toda la ciudad porque cocina realmente bien. Cuando ve a Lena, se sorprende mucho.

—¿Qué estás haciendo aquí? Ahora no puedo hablar contigo, estoy cocinando… —le dice el joven, que está preparando una paella que parece muy rica.

—Tengo que ver otra vez la foto del periódico… ¡Dame tu móvil, por favor!

—¿Qué? —pregunta Ibrahim mientras ya está buscando el teléfono en su pantalón.

El joven mira entre todas las fotos de su móvil hasta que la encuentra. Todavía sin comprender nada, Ibrahim le muestra la foto a su amiga.

—¿Lo ves? ¡Es él, es la misma persona! —dice Lena un poco nerviosa con el libro abierto en sus manos.

EL ALCALDE DE MARBELLA CONFIRMA CON LUKAS MERTENS, PROMOTOR INMOBILIARIO, LA CONSTRUCCIÓN DE CUATRO HOTELES EN LA CIUDAD.

—¿Quién? ¿Y qué libro es este? —pregunta otra vez Ibrahim, un poco confundido.

—Mis compañeros y yo, en Alemania, usamos este libro en nuestras clases sobre Andalucía. Leímos textos sobre turismo de masas y turismo sostenible, también hablamos bastante de los problemas de la región… y de la corrupción. Mira esta foto, ¿conoces a alguien?

—Pues claro, ese es el señor Soto, el alcalde… —contesta Ibrahim, todavía sin entender.

—Muy bien, y ahora mira en tu foto… Ahí atrás, ese hombre que casi no se ve…

—Espera… ¡Es el mismo que está aquí en el libro, al lado del alcalde!

—¡Exacto: Lukas Mertens! ¡El nombre del jefe del proyecto inmobiliario empieza con L! —dice Lena.

—Con ese nombre, seguro que habla y escribe alemán perfectamente, ¿no crees? —contesta Ibrahim con una sonrisa.

—Creo que ya sabemos quiénes son las tres personas del mensaje que encontraste en la basura…

11 Un pequeño trabajo en el jardín

Por la noche, Lena e Ibrahim les cuentan a sus compañeros de piso las noticias. Todos están de acuerdo: tienen que descubrir qué hay debajo del tercer olivo, pero el problema es cómo. Entonces Marina tiene una idea:

—¡Esperad! Ayer, en la cafetería, el señor González dijo algo sobre un congreso en Madrid. Creo que va a viajar el viernes por la noche. ¡Quizás lo podemos intentar durante el fin de semana!

—No es una mala idea, ¿pero qué pasa si alguien pregunta qué estamos haciendo en el jardín?
—dice Vicky.

—Ya sabéis que Alfonso es «el chico para todo» del hotel y que aquí funciona todo gracias a él. A veces también tiene que hacer pequeños trabajos en el jardín, ¿verdad? —le pregunta Ibrahim con una sonrisa.

—¡Claro! Esas son también mis tareas, a nadie le va a sorprender —contesta Alfonso.

Los chicos pasan toda la semana un poco nerviosos y cuando por fin el señor González se va el viernes por la tarde, empiezan a buscar debajo del olivo. Aunque es Alfonso quien trabaja durante el horario laboral, los otros también echan una mano después de sus turnos o terminan sus otras tareas en el hotel. Por fin, el sábado por la tarde, Ibrahim y Alfonso encuentran una maleta de cuero. Después de cogerla y dejar todo en el jardín como estaba antes, la llevan a su piso compartido, para abrirla con las otras compañeras. Cuando Ibrahim abre la maleta después de la cena, todos pueden ver, por fin, lo que hay en su interior. Lena abre los ojos como platos y solo dice una palabra, que los otros no comprenden:

12 150 millones de pesetas

Todos los chicos miran el interior de la maleta con cara de sorpresa, pero es Vicky la siguiente que habla:

—¡Qué pasada! ¿Cuánto dinero creéis que hay ahí?

—Pues no lo sé, pero esto no son euros, son... ¡pesetas! El dinero que había en España antes del euro... —explica Alfonso.

—Yo era muy pequeño, pero cuando llegué aquí, ya había euros —dice Ibrahim–. ¿Sabéis vosotros cuánto es una peseta?

—Espera... Lo estoy buscando en internet —contesta Vicky con el móvil en la mano—. ¡Vaya! ¡En aquel tiempo 10.000 pesetas eran más o menos 60 euros!

—¿Qué? Eso significa que en esta maleta hay mucho... —Marina hace una pausa— ¡muchísimo dinero!

—¡Eso parece! ¿Y qué vamos a hacer ahora? ¿Ir a la policía? —pregunta Ibrahim a sus compañeros.

—¡Qué va! ¿Tú sabes todo lo que podemos hacer con este dinero? Ya sé que fuiste tú quien lo encontró realmente, pero todos te estamos ayudando… —contesta Alfonso—. Piensa un poco: con tu parte puedes lograr tu sueño y abrir un restaurante… ¿O es que ya no lo quieres hacer?

—¡Claro que me gustaría tener mi propio restaurante, pero no con ese dinero que viene de la corrupción! —dice Ibrahim muy serio.

—¿Por qué no? —pregunta ahora Vicky—. Nadie sabe que tenemos este dinero…

—¡Pero antes o después, el señor González lo va a descubrir! —dice Lena un poco nerviosa.

—¡Sí, pero puedes estar segura de que él no va a ir a la policía! —contesta Alfonso, que ya está pensando en qué va a hacer con su parte—. El único problema es lograr cambiar las pesetas por euros, pero seguro que no es muy difícil…

Marina, que no dice nada desde hace unos minutos porque está contando el dinero, sorprende a todos con sus palabras:

—¡O quizás sí, porque es muchísimo! Creo que aquí hay unos 150 millones de pesetas… ¡Casi un millón de euros!

13 Sé de dónde vengo

—¡Un millón de euros! ¡Un millón de euros! —repite Vicky dos o tres veces.

—¡Vaya! Realmente es increíble… Con ese dinero podemos hacer tantas cosas… —dice Ibrahim sin pensarlo mucho.

—¡Pues claro! ¿O es que prefieres llevarlo a policías que son quizás tan corruptos como el señor González? —pregunta Alfonso.

—¡Por supuesto que no! Pero yo no quiero ser así —dice Ibrahim—. Mira, Alfonso, yo llegué a este país ilegalmente cuando era un niño. En Marruecos la vida era muy difícil. Mi familia no tenía mucho dinero y decidí buscar en España un futuro mejor. Si nosotros cogemos ese dinero, vamos a ser igual que ellos. Yo sé de dónde vengo y quiero lograr mi sueño, sí, pero no así…

—¡Esperad! Aquí abajo hay algo… Parece un plan de un edificio… ¡Es el hotel! ¿Lo veis? —pregunta Marina con un montón de documentos en la mano—. Y aquí hay muchos más. Mirad: fuentes de ingreso para el proyecto inmobiliario, gastos de la empresa, la cantidad de impuestos que hay que pagar, el número de personas para contratar, los sueldos…

—Yo estoy de acuerdo con Ibrahim, y también creo que tenemos que hablar con la policía ya… —dice Lena.

¡No tan rápido! Es mejor pensar bien y decidir todos juntos, ¿no?

14 Una visita importante

Los cinco compañeros hablan mucho del tema y al final deciden esperar unos días para ver qué van a hacer con el dinero. Después de pensar en las diferentes opciones, todos están de acuerdo: la maleta con los 150 millones de pesetas y los documentos se quedan en el piso compartido; en la parte de arriba del armario de Ibrahim.

El lunes, el señor González vuelve de su viaje a la capital y en el hotel empieza una nueva semana de trabajo. Los días siguientes son un poco raros para Lena porque piensa que está haciendo algo que no está bien, pero acepta la decisión del grupo. Ibrahim tampoco está tranquilo, pero espera encontrar una solución buena para todos. Él ya sabe lo que piensan Alfonso y Vicky y no quiere perder a sus amigos, pero tampoco quiere problemas con la policía.

Unos días más tarde, cuando Lena está trabajando en la recepción del hotel, recibe una llamada.

—¿Puede venir un momento a mi oficina, por favor? —dice el señor González.

Cuando escucha la voz de su jefe, Lena, de repente, se pone muy nerviosa y va a hablar con él rápidamente. En la oficina, el señor González la saluda con una sonrisa que a Lena no le gusta nada.

—¡Hola! Gracias por venir. Entra, por favor. ¿Puedo llamarte Lena?

Lena ya sabe que en España tutearse es algo normal, también en el trabajo, pero a ella todo esto le parece un poco raro.

—Sí, sí, claro…

—¿Qué tal tus dos primeras semanas de prácticas en nuestro hotel?

—Bien, gracias, muy bien —contesta Lena, e intenta parecer tranquila—. Estoy muy contenta, el trabajo me gusta y los compañeros son todos muy simpáticos.

—Me alegro. ¿Te adaptas bien a la ciudad? Andalucía es muy diferente a los países del norte de Europa. Aquí no nieva casi nunca, tenemos otro tipo de comida, las tiendas tienen otros horarios, la gente habla mucho… ¿Te gusta Marbella?

—Sí, sí… Me encanta. —Lena no comprende muy bien por qué su jefe le está haciendo tantas preguntas.

—Perfecto… Bueno, te quiero pedir una cosa: El próximo martes vamos a tener en el hotel la visita de alguien muy importante, que habla alemán, y podemos necesitar tu ayuda con el idioma. Él es de Suiza y se llama Lukas Mertens.

15 ¿Documentos falsos?

Cuando sale de la oficina del director, sin esperar ni un minuto, Lena le escribe un mensaje a Ibrahim.

Después de explicarle que Lukas Mertens va a llegar al hotel la próxima semana, Ibrahim sabe que tienen que hacer algo ya:

—Durante los últimos días leí todos los documentos de la maleta con atención y creo que ya sé lo que pasó, pero necesito más información para estar seguro…

—¿En serio? ¿Qué tipo de información? —se sorprende Lena.

> Ibrahim
>
> Tenemos que hablar. ¡Es importante!
> 09:48 ✓✓
>
> Vale. ¿Quedamos en diez minutos en el patio?
> 09:49 ✓✓

—Los documentos reales de la construcción del edificio. Creo que todo esto era ilegal y que González y Mertens pagaron al alcalde Soto para lograr la licencia. Por eso, él les dejó construir el hotel aquí, aunque estaba prohibido hacerlo tan cerca de la playa. En la maleta hay documentos en los que vemos que todo es falso: los números, los gastos, los salarios, los impuestos… ¡todo falso!

—¿Pero cómo es posible?

—Pues, creo que no pagaron todos los impuestos ni tampoco todos los sueldos, usaron materiales baratos para la construcción del hotel, contrataron a personas que en realidad nunca trabajaron aquí… González y Mertens cambiaron todos los números y ahorraron muchos millones de pesetas, que cobraron ellos mismos…

—¡Increíble! —Lena no puede creer lo que escucha—. ¡Tenemos que hacer algo!

—Bueno, no podemos estar seguros todavía. Para eso necesitamos los documentos que el señor González tiene en su oficina. Si los vemos y los números no son los mismos, entonces significa que todo es ilegal. El problema es que esos documentos están en la oficina del jefe y no sé cómo podemos…

—Un momento —dice Lena de repente—. ¡Tengo una idea! Vicky limpia todo el hotel y tiene acceso a todas las habitaciones y oficinas…

16 Todo según el plan

Por la noche, Ibrahim y Lena explican su plan a los otros compañeros. Vicky y Marina están de acuerdo, pero Alfonso piensa que es mejor dejar todo como está, coger su parte del dinero y no meter la pata. Vicky sabe que tiene una tarea difícil, pero cree que vale la pena y decide hacerlo en su turno de mañana, que empieza el lunes siguiente. Al final, también Alfonso acepta la decisión del grupo.
El lunes por la mañana, 24 horas antes de la llegada del señor Mertens a Marbella, por fin Vicky entra en la oficina para buscar los documentos mientras Alfonso la espera en el pasillo.

Vicky dice adiós con una sonrisa y sale de la oficina. Solo un minuto después, sus compañeros reciben un mensaje en el grupo de la pandilla:

17 Un buen día

Después de pasar casi toda la noche entre los documentos de la maleta y las fotos que Vicky hizo con su móvil, los cinco amigos están seguros: el hotel donde trabajan nació de un proyecto inmobiliario ilegal, que solo fue posible gracias a la corrupción del alcalde en aquella época.

Aunque Alfonso al principio no quería hablar con la policía, ahora piensa en aquellas manifestaciones en su pueblo cuando era un niño y de repente sabe que ahora es él quien tiene que hacer algo. Está seguro de que el caso puede causar una tormenta en todo el sector de la hostelería española y quizás, gracias a ellos, esa situación no se va a repetir. Por eso cree que vale la pena luchar, para lograr más empleos y mejores salarios para muchos andaluces.

Ya que el martes por la mañana Marina tiene libre, todos están de acuerdo: ella se dirige a la policía con todos los documentos mientras el resto del grupo intenta trabajar para no llamar la atención.

A las ocho de la mañana Lena ve como llega un grupo de cuatro hombres, que, sin pasar por la recepción, se dirigen al jardín.

Más o menos una hora más tarde entra en la recepción del hotel un hombre de muy buena presencia y le dice a Lena en un español con bastante acento extranjero:

—¡Buenos días! Soy Lukas Mertens y tengo una cita con el señor González.

Lena conoce perfectamente su cara y, después de sonreír sin muchas ganas, llama a su jefe por teléfono para decirle que su visita acaba de llegar.

—Un momento, por favor, el señor González ya viene a recogerlo. ¿Quiere tomar algo?

Antes de contestar, en el final del pasillo, Lukas Mertens ya ve la figura del director del hotel, que se dirige a él y le da un abrazo mientras dice con una sonrisa enorme:

—Me alegro de verte, amigo. ¡Hoy va a ser un buen día!

18 Muchas explicaciones

Durante esa mañana, Ibrahim, Alfonso, Vicky y Lena miran todo el tiempo sus móviles porque están esperando un mensaje de Marina.

El director del hotel sale dos o tres veces al jardín y Lena ve que habla con los hombres que están trabajando al lado de los olivos, pero ellos siempre dicen que no con la cabeza y el señor González vuelve a su oficina.

Al mediodía, Lena recibe en la recepción una llamada de su jefe, que le pide ayuda con un documento en alemán. Cuando ella entra en la oficina del director, Mertens parece muy serio. Solo un minuto después abre la puerta uno de los hombres de la empresa «Jardinagua»:

—Lo siento, señor González. Debajo del olivo no hay nada, pero está claro que alguien trabajó en el jardín hace poco tiempo...

—¡No puede ser! —dice el director.

—¿Estás seguro? —pregunta Mertens al hombre—. ¡La maleta tiene que estar allí!

El señor González mira al hombre, después a Lukas Mertens y al final a Lena. De repente, algo hace clic en su cabeza: piensa en Lena e Ibrahim en el patio al lado de los contenedores de basura, luego en el día anterior, cuando Vicky limpiaba su oficina mientras Alfonso hablaba con él en el pasillo...

—Ajá... —dice muy tranquilamente, sin dejar de mirar a Lena, que de repente se siente muy sola.

—¿Qué está pasando aquí? —pregunta Mertens.

—No estoy seguro, pero creo que Lena va a llamar ahora a sus amigos Alfonso, Ibrahim y Vicky y los cuatro nos van a explicar qué está pasando, ¿verdad? —pregunta el director mientras coge una pistola, que tenía en su mesa de trabajo.

19 Un plan perfecto

Solo unos minutos más tarde, Alfonso, Ibrahim y Vicky ya están con su compañera Lena en la oficina del señor González. A su lado está Mertens, siempre con cara muy seria.

—Bueno —dice el director a los cuatro—. Estoy esperando. ¿Quién me va a explicar todo esto?

—Yo vi el mensaje del señor Mertens en la basura y descubrí su secreto. Por eso decidimos buscar debajo del olivo, entonces encontramos el dinero y los documentos falsos. ¡Ustedes construyeron este hotel ilegalmente! Le dieron millones de pesetas al alcalde y no pagaron ni los impuestos ni salarios dignos a las personas que contrataron.

—Ten cuidado con lo que dices, Ibrahim. Estás trabajando en este hotel gracias a mí y lo puedes perder todo… Y además, ¿quién va a creer todo eso que dices?

De repente, todos escuchan el móvil de Ibrahim en su pantalón. El señor González lo coge y ve quién está llamando: Marina. Sin esperar más, el director contesta y todos escuchan la voz de su amiga, que habla muy rápido:

> Ibrahim, ya está, acabo de dar todo a la policía, los documentos y el dinero. En dos minutos estoy en el hotel…

> ¿Ibrahim? ¿Estás ahí? ¿Hola?

> Hola, Marina. Soy yo, tu jefe. Anda, ven rápido. Estoy cuidando de Ibrahim y de tus otros amiguitos aquí en mi oficina. Tenemos que hablar...

Mertens, todavía muy serio, mira al director, que parece muy contento:

—¿Por qué te ríes? ¿Me estás tomando el pelo? ¡Esa chica acaba de llevar la maleta con el dinero y los documentos a la policía! ¡Soto, tú y yo vamos a pasar el resto de nuestras vidas en la cárcel!

—¡No pasa nada, Lukas, tranquilo! El jefe de la Policía de Marbella es mi mejor amigo. Con una llamada y un poco de dinero se terminó el problema.

20 Fuertes y débiles

González está hablando por su móvil cuando entra Marina en la oficina. En ese momento ve la pistola de González y va muy rápido en dirección a sus compañeros mientras Mertens cierra la puerta.

—¡Ya está! —dice González finalmente a Mertens—. Acabo de hablar con mi amigo de la policía y no nos van a causar problemas. Puedes estar tranquilo.

—¿Seguro?

—Pues claro… Él tiene todos los documentos y el dinero —sonríe otra vez González—. ¡Ah!, y también las fotos del plan de construcción y de los contratos que Vicky hizo en mi propia oficina.

—¿Y eso no es un problema? —pregunta Mertens.

—¡Claro que no! Esas fotos, sin los otros documentos que los chicos ya llevaron a la policía, no valen nada. Todo parece legal…

Las palabras de González realmente destruyen el plan de los chicos. Marina los mira y dice en voz baja:

—¡Perdón! Lo siento…

Mertens se dirige entonces a González y le pregunta, mientras mira a los jóvenes:

—¿Y qué vamos a hacer ahora con estos cinco? ¿Pueden ser peligrosos por lo que saben?

— No. Primero, estos chicos no tienen nada contra nosotros. ¡Nada! Y segundo, acaban de perder su puesto de trabajo en el hotel, y si no quieren tener problemas con la policía por entrar en mi oficina y hacer fotos de mis documentos ilegalmente, van a coger sus cosas e irse muy rápido de la ciudad, ¿verdad? —dice González con la pistola todavía en la mano.

Los cinco compañeros salen de la oficina sin decir una palabra. Cuando la puerta se cierra ruidosamente tras ellos, Ibrahim piensa que en la vida, los más fuertes casi siempre destruyen a los más débiles.

Corrupción en Marbella

Gracias a un grupo de cinco jóvenes, que trabajaban en el Hotel Tres Olivos, y a un periodista del periódico *La Voz de Marbella*, la Policía Nacional logró descubrir ayer en la ciudad una inmensa organización de corrupción, que iba desde el sector turístico hasta el alcalde de la ciudad en los años 90, y que llegaba también a la propia Policía de Marbella.

Después de descubrir casi un millón de euros en pesetas y muchos documentos que mostraban claramente que la construcción del Hotel Tres Olivos era ilegal, una de las chicas del grupo fue a la policía para dar toda la información sobre el caso. Por suerte, la joven tuvo la idea de llevar copias del material a un amigo periodista, que finalmente publicó la noticia en su periódico.

La Policía Nacional empezó ese mismo día la «Operación Tres Olivos» y en los próximos días espera lograr más…

22 ¿Adiós, Andalucía?

En el aeropuerto de Málaga, antes de volver a Alemania, Lena lee el periódico y sonríe contenta porque sabe que ella y sus amigos lograron algo realmente increíble.

Cuando ya va a entrar en el avión, ve que tiene mensajes nuevos en su móvil:

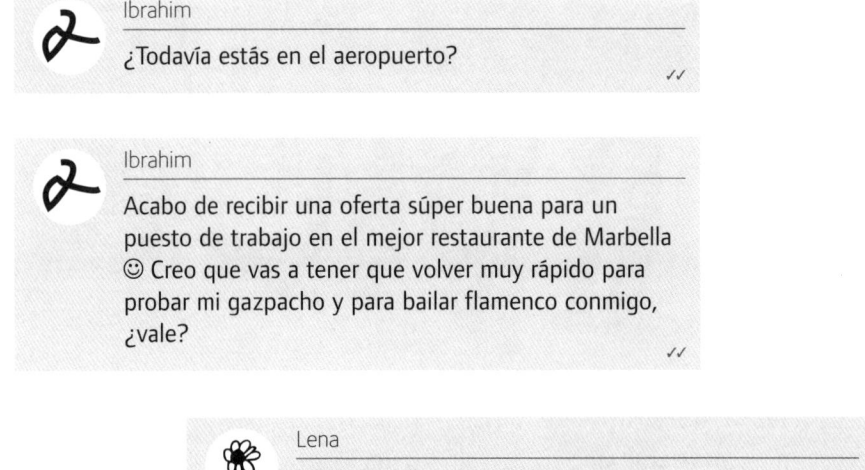

Ibrahim

¿Todavía estás en el aeropuerto?

Ibrahim

Acabo de recibir una oferta súper buena para un puesto de trabajo en el mejor restaurante de Marbella ☺ Creo que vas a tener que volver muy rápido para probar mi gazpacho y para bailar flamenco conmigo, ¿vale?

Lena

¡Felicidades, Ibrahim! ¡Claro! ☺ ¡Hasta pronto!

Después de contestar el mensaje, Lena sonríe y mira de nuevo su móvil:

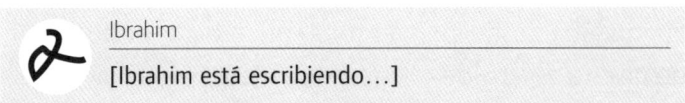

Ibrahim

[Ibrahim está escribiendo…]

Mapa de Andalucía

Norte

Oeste ← → Este

Sur

Córdoba

la Giralda

Jaén

la Alhambra

Huelva

Sevilla

Granada

Málaga

Sierra Nevada

Almería

Costa de la Luz

Marbella

Cádiz

Costa Tropical

Costa de Almería

Costa del Sol

Los capítulos

Vocabulario

Der Lernwortschatz der *Unidad 8 von* *a_tope.com*
ist mit einem Sternchen * gekennzeichnet.

Symbole und Abkürzungen

adj.	adjetivo *(Adjektiv, Adj.)*
adv.	adverbio *(Adverb)*
etw.	etwas
f.	femenino *(Femininum)*
fam.	familiar *(umgangssprachlich, ugs.)*
ind.	indicativo *(Indikativ, Ind.)*
inf.	infinitivo *(Infinitiv, Inf.)*
inv.	invariable *(invariabel, inv.)*
jdm	jemandem
jdn	jemanden
lat. am.	lateinamerikanisch
m.	masculino *(Maskulinum)*
pl.	plural *(Plural, Pl.)*
sg.	singular *(Singular, Sg.)*
sust.	sustantivo *(Substantiv, S.)*

A

abajo* unten

estar **abierto,** estar **abierta** offen; geöffnet sein

acabar con algo etw. beenden

el **acento** der Akzent

aceptar akzeptieren

acercarse sich nähern

tener **acceso a algo*** Zugang zu etw. haben

la **actividad** die Aktivität; *hier:* die Aufgabe

estar **de acuerdo con algo*** mit etw. einverstanden sein

adelante* vorne; im Vordergrund

además de außer

la **agricultura ecológica** der Öko-Anbau

el **agua** *f.* ***** das Wasser

ahorrar* sparen

el **aire acondicionado*** die Klima-anlage

¡Ajá! Aha!

el **alcalde,** la **alcaldesa** der Bürger-meister, die Bürgermeisterin

alegrarse (de) sich freuen (über)

la **Alhambra*** *arabische Festung in Granada*

andaluz, andaluza, andaluces *pl.* *
andalusisch

el **andaluz,** la **andaluza,** los **andaluces**
pl. * der Andalusier, die Andalusierin

anterior voriger, vorige, voriges

antes *adv.* * vorher; früher

aprobar bestehen

aquel, aquella, aquellos, aquellas
+ *sust.* * jener, jene, jenes + S.

en **aquel entonces** * damals

arriba * oben

así que sodass

el **asunto** der Betreff; die Betreffzeile

atrás * hinten; im Hintergrund

el **avión** das Flugzeug

B

la **basura** * der Müll

el **beso** * der Kuss

el **bikini** der Bikini

el **bolígrafo** der Kugelschreiber

la **broma** der Scherz

el **buzón** der Posteingang *E-Mail*

C

la **cabeza** der Kopf

cada + *sust.* * jeder, jede, jedes + S.

cada vez más immer mehr

Cádiz * *Stadt und Provinz in Andalusien*

el **camarero,** la **camarera** der Kellner,
die Kellnerin

cambiar algo * etw. (ver)ändern; etw.
wechseln

el **cambio** die Veränderung

el **campo de golf** * der Golfplatz

la **cara** das Gesicht

la **cárcel** das Gefängnis

el **cartel** das Schild

el **caso** der Fall

causar algo * etw. verursachen

la **cena** das Abendessen

cenar * Abendbrot essen

cerca de * zirka

el/la **chófer** der Chauffeur, die Chauf-
feurin

el **cielo** der Himmel

la **cita** der Termin; die Verabredung

estar **claro que...** klar sein, dass...

clic Klick

el **cliente,** la **clienta** * der Kunde,
die Kundin

el **coche (de lujo)** das (Luxus-)Auto

la **cocina** die Küche

comprobar (o → ue) überprüfen

comunicar algo a alguien jdm etw.
mitteilen

la **comunidad autónoma** * die
autonome Gemeinschaft

la **concentración** die Konzentration

confirmar algo * etw. bestätigen

el **conflicto** * der Konflikt

estar **confundido,** estar **confundida**
verwirrt sein

el **congreso** * der Kongress

la **construcción** der Bau; das Bauwesen

contar con algo/alguien auf etw./jdn
zählen; mit etw./jdm rechnen

el **contenedor (de basura)** der (Müll-)
Container

la **copia** die Kopie

correcto, correcta korrekt; richtig

el **correo electrónico** die E-Mail

la **corrupción** die Korruption

corrupto, corrupta korrupt; bestech-
lich

la **costa** * die Küste

el **cristal**   das Glas

cuidar algo / a alguien*   auf etw./ jdn aufpassen

cuánto, cuánta, cuántos, cuántas + *sust.*   wie viel, wie viele + S.

D

de nuevo   wieder; erneut

de verdad   wirklich, echt

decir que no con la cabeza   den Kopf schütteln

la **decisión**   die Entscheidung

dejar de + *inf.*   aufhören zu + *Inf.*

el **desafío**   die Herausforderung

desde   von *Ortsangabe* aus

desear algo a alguien*   jdm etw. wünschen

al **día siguiente**   am nächsten Tag

el **día siguiente***   der nächste Tag

digno, digna   angemessen; würdig

el **director**, la **directora***   der Leiter, die Leiterin; der Direktor, die Direktorin

estar **divertido,** estar **divertida** belustigt sein

el **documento**   das Dokument

donde   wo *Relativpronomen*

E

la **ecologia***   die Ökologie

la **economía***   die Wirtschaft

el **empleado**, la **empleada**   der/die Angestellte

dar la **enhorabuena a alguien**   jdm gratulieren

en cuanto a*   in Bezug auf

en el que, en la que, en los que, en las que   in dem, in der, in denen *Relativpronomen*

en espera de su confirmación   in Erwartung ihrer Bestätigung

estar **enfadado,** estar **enfadada** verärgert sein

enorme   riesig

entregar   abgeben

Es verdad.   Es ist wahr!; Das stimmt.

esperar   hoffen

esquiar*   Ski fahren

la **estantería**   das Regal

el **este***   der Osten

la **estrella**   der Stern

el **estuche**   die Federtasche

¡Exacto!   Genau!

el **éxito***   der Erfolg

el **experto**, la **experta***   der Experte, die Expertin

la **explicación**   die Erklärung

exportar algo*   etw. exportieren

extranjero, extranjera   ausländisch

F

la **fábrica***   die Fabrik

falso, falsa   falsch

el/la **familiar**   der/die Familienangehörige

fantástico, fantástica   fantastisch

¡Felicidades!*   Herzlichen Glückwunsch!

por **fin**   endlich

al **final***   am Ende; letztendlich

el **final***   das Ende

finalmente   schließlich; letztendlich

el **flamenco***   *andalusischer Musikstil und Tanz*

flipar   überrascht sein

formal formell; förmlich

la **frase** der Satz

el **frío*** die Kälte

hacer **frío*** kalt sein *Wetter*

G

las **ganas** *pl.* die Lust

el **gasto** die Ausgabe

el **gazpacho*** *spanische kalte Gemüse-suppe*

la **Giralda** *ehemaliges Minarett und Sehenswürdigkeit in Sevilla*

gótico, gótica* gotisch

gracias a dank

el **grado*** der Grad

hacer (30) **grados*** (30) Grad warm sein *Wetter*

Granada* *Stadt und Provinz in Andalusien*

gritar de felicidad vor Freude schreien

guardar einpacken

H

¡Hasta pronto!* Bis bald!

hasta que + *verbo* bis + *Verb*

el **horario*** die Öffnungszeiten

I

la **idea** die Idee

igual (que) gleich; genauso (wie)

ilegal ilegal

ilegalmente auf illegale Art und Weise

la **industria*** die Industrie

Inglaterra England

inmobiliario, inmobiliaria* Immobilien-

intensivo, intensiva intensiv; Intensiv-

la **introducción** die Einleitung

intentar algo* etw. versuchen

el **invierno** der Winter

J

el **jardín** der Garten

justo cuando gerade, als

L

el **lado** die Seite

legal legal

llamar (a alguien) nennen; (jdn) (an)rufen

llamar la atención Aufmerksamkeit erregen

la **llegada** die Ankunft

la **licencia** die Lizenz

limpiar sauber machen; reinigen

estar **limpio**, estar **limpia*** sauber sein

la **línea** die Zeile

estar **listo**, estar **lista** fertig sein

la **lista** die Liste

lo necesario das Notwendige

lo que (das,) was *Relativpronomen*

luchar (por) kämpfen (für)

M

Málaga* *Stadt und Provinz in Andalusien*

la **manifestación** die Demonstration

la **mano** die Hand

Marbella *Tourismus-Hochburg in Andalusien*

de **masas** Massen-

el **material** das Material

el **medio ambiente*** die Umwelt

mejor que nunca besser als je zuvor; so gut wie nie

meter hineinlegen

meterse en problemas sich in eine schwierige Lage bringen

mirar algo / a alguien etw./jdn ansehen

él **mismo**, ella **misma**, ellos **mismos**, ellas **mismas** er, sie selbst

la **montaña*** der Berg; das Gebirge

un **montón** (**de** + *sust.*) eine Menge (+ *S.*); sehr

el **monumento*** das Denkmal; die Sehenswürdigkeit

mostrar (o → ue) zeigen

N

nacer geboren werden; *hier:* entstehen

nevar (e → ie)* schneien

ni nicht einmal

la **nieve*** der Schnee

el **norte*** der Norden

estar **nublado**, estar **nublada*** bewölkt sein *Wetter*

O

el **oeste*** der Westen

el **olivo*** der Olivenbaum

los **ojos como platos** (vor Überraschung) aufgerissene Augen

la **operación** die Operation

la **opinión** die Meinung

la **organización** die Organisation

P

el **paisaje*** die Landschaft

¿**para qué?** wozu?

a **partir de** ab; von … an

el **pasado*** die Vergangenheit

pasar los sein; passieren

No **pasa nada.*** Das macht nichts.

el **pasillo** der Flur

peligroso, peligrosa gefährlich

el/la **periodista*** der Journalist, die Journalistin

la **peseta** die Pesete *frühere spanische Währung*

la **pistola** die Pistole

la **planta de energía solar*** die Solaranlage

la **policía** die Polizei

el/la **policía** der Polizist, die Polizistin

la **posibilidad*** die Möglichkeit

posible möglich

el **precio*** der Preis

preparado, preparada zubereitet; vorbereitet; bereit

presentar alguien a alguien jd jdm vorstellen

primero* erstens

la **princesa** die Prinzessin

al **principio*** am Anfang; anfangs

el **principio*** der Anfang

estar **prohibido** verboten sein

el **promotor**, la **promotora** der Bauträger, die Bauträgerin

la **provincia** die Provinz

publicar veröffentlichen

Q

¡**Qué** + *sust.* **más** + *adj.*! Was für ein/
eine + *Adj.* + *S.*!

quien der, die *Relativpronomen*

R

rápido, rápida schnell

raro, rara merkwürdig

realizar durchführen

la **recepción*** die Rezeption

el/la **recepcionista** der Rezeptionist,
die Rezeptionistin

reciclar algo* etw. recyceln

reír(se) lachen

de repente* plötzlich; auf einmal

la **reserva*** die Reservierung

respetar algo / a alguien* etw./jdn
respektieren

la **respuesta** die Antwort

en **resumen*** zusammenfassend

S

la **sala de conferencias***
der Konferenzraum

el **saludo*** der Gruß;
auch: Viele Grüße *Brief*

la **sandalia** die Sandale

estar **seco,** estar **seca** trocken sein;
ausgetrocknet sein

el **sector** der Sektor

segundo zweitens

seguro que *inv.* bestimmt; sicherlich

hacer **senderismo de montaña** berg-
wandern

sentarse (e → ie) sich setzen

sentirse (e → ie) sich fühlen

el **servicio de habitaciones**
der Zimmerservice

la **Sierra Nevada*** *höchstes Gebirge
Spaniens*

siguiente* nächster, nächste; folgend

la **situación*** die Situation

estar **situado,** estar **situado (en)***
liegen (in) + *Ort*

el **sobre** der (Brief-)Umschlag

hacer **sol*** sonnig sein *Wetter*

la **solicitud** die Bewerbung

la **solución*** die Lösung

sonreír lächeln

la **sonrisa** das Lächeln

sostenible* nachhaltig

la **suerte** das Glück

por **suerte*** zum Glück

Suiza die Schweiz

por **supuesto*** natürlich; selbstver-
ständlich

T

tanto *adv.* so sehr

la **tarjeta de embarque** die Boardkarte

la **temperatura** die Temperatur

el **tiempo*** das Wetter

hacer buen/mal **tiempo*** gutes/
schlechtes Wetter sein

la **toalla*** das Handtuch

el **tomate** die Tomate

la **tormenta*** der Sturm; das Gewitter

tras hinter

el **turno** die Schicht

U

una vez más noch einmal

la **unidad*** die Lektion

ser **útil** nützlich sein

V

valer wert sein

la **videoconferencia** die Video-
konferenz

el **viento*** der Wind

hacer **viento*** windig sein *Wetter*

volar (o → ue) fliegen

volver (o → ue) zurückkehren

la **voz** die Stimme

en **voz baja** leise

el **vuelo** der Flug

Y

ya *hier:* ich weiß; schon klar

¡Ya está! Fertig!; Das ist erledigt.

El verano de mi vida
Manuel Vila Baleato

Illustrationen
Timo Grubing

Redaktion
Yvonne Miller, Soledad Rodríguez (Projektkoordination)

Umschlaggestaltung
werkstatt für gebrauchsgrafik, Berlin

Layout und technische Umsetzung
orangerie · grafikdesign, Berlin

Hörbuch
Tonaufnahmen: Lucentum Digital
Sprecherin: Carmen Rubio

www.cornelsen.de

Für die Nutzung des kostenlosen Internetangebots zum Buch gelten die allgemeinen Geschäftsbedingungen (AGB) des Internetportals www.cornelsen.de, die jederzeit unter dem entsprechenden Eintrag abgerufen werden können.

1. Auflage, 1. Druck 2019

Alle Drucke dieser Auflage sind inhaltlich unverändert und können im Unterricht nebeneinander verwendet werden.

© 2019 Cornelsen Verlag GmbH, Berlin

Das Werk und seine Teile sind urheberrechtlich geschützt. Jede Nutzung in anderen als den gesetzlich zugelassenen Fällen bedarf der vorherigen schriftlichen Einwilligung des Verlages.
Hinweis zu §§ 60 a, 60 b UrhG: Weder das Werk noch seine Teile dürfen ohne eine solche Einwilligung an Schulen oder in Unterrichts- und Lehrmedien (§ 60 b Abs. 3 UrhG) vervielfältigt, insbesondere kopiert oder eingescannt, verbreitet oder in ein Netzwerk eingestellt oder sonst öffentlich zugänglich gemacht oder wiedergegeben werden. Dies gilt auch für Intranets von Schulen.

Druck: AZ Druck und Datentechnik GmbH, Kempten

ISBN: 978-3-06-120970-4

PEFC zertifiziert
Dieses Produkt stammt aus nachhaltig bewirtschafteten Wäldern und kontrollierten Quellen.

PEFC
PEFC/04-31-2260

www.pefc.de